Música para peques

por:

Miguel Angel Mayo y Sara Grzesiak

RAP
POP
ROCK
MUSIC
CLASSICAL

Me gustaría que este libro fuera tuyo y que lo pintes de la manera que más te guste.

Dedicado a todos los niñ@s de la escuela de "Música Amadeus", compañer@s y profesores de estos 5 años, a los padres que con gran ilusión traen a sus hijos, para que entre todos, podamos enseñarles un mundo de música, bondad y esperanza.

De corazón gracias.

Editorial: BoD · Books on Demand, Calle de Manzanares, 4, 28005 Madrid, bod@bod.com.es
Impresión: Libri Plureos GmbH, Friedensallee 273, 22763 Hamburg (Alemania)
ISBN: 978-84-1373-464-4

Introducción:

***Música:* es el arte de combinar sonidos y ritmos para crear algo hermoso y divertido de escuchar.**

***Solfeo:* es como leer y cantar la música que está escrita en papel.**

Teoría de la música: es aprender sobre cómo se escribe la música, los ritmos y las reglas que hacen que los sonidos se conviertan en música.

Pentagrama: es un conjunto de 5 líneas y 4 espacios donde se escribe la música.

Líneas adicionales: Son líneas cortas que se colocan arriba o abajo del pentagrama. Se usan para escribir notas musicales que son muy graves (bajas) o muy agudas (altas) y no caben en el pentagrama.

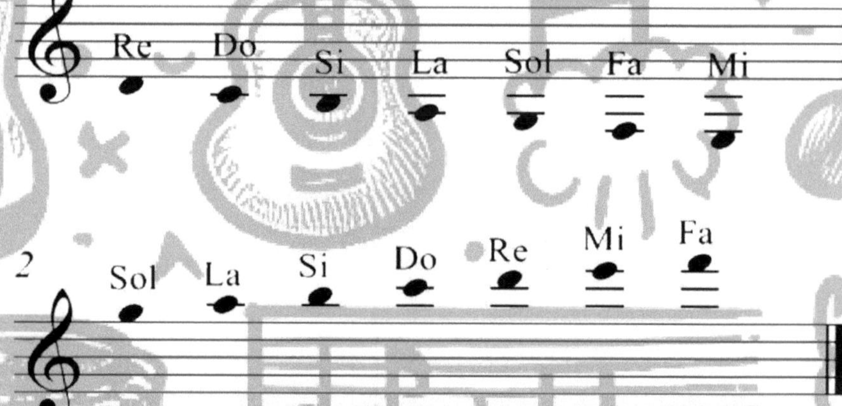

Líneas divisorias: Son líneas que atraviesan el pentagrama de arriba a abajo y sirven para dividir la música en partes llamadas compases.

Doble barra final: Es una señal que indica el final de una pieza musical. Está formada por dos líneas verticales, la segunda más gruesa que la primera.

Las notas musicales:
Las notas son los diferentes sonidos de la música. Hay 7 notas:

DO-RE-MI-FA-SOL-LA-SI

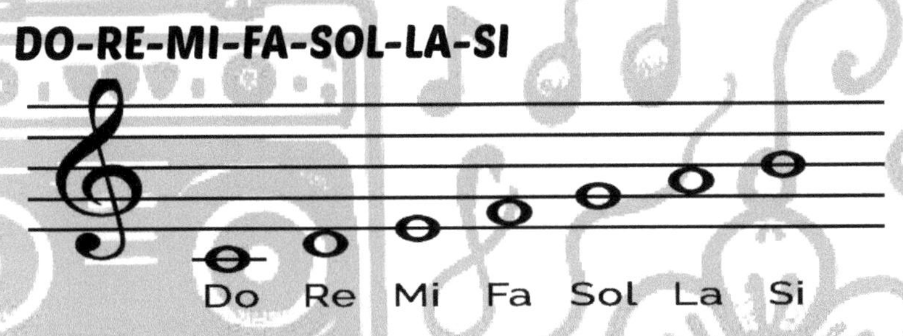

La distancia entre dos notas que se repiten se llama octava. Las letras, representan a las notas en notación inglesa. Hay 7 y son fáciles de aprender. Se lo llama también cifrado americano.

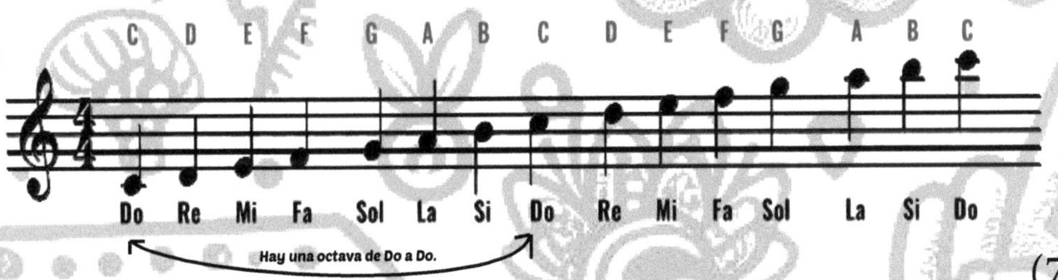

Las claves:

Una nota en el pentagrama no tiene un nombre específico por sí sola. La clave es un signo que se coloca al principio del pentagrama para decirnos qué nota corresponde a cada línea y espacio.

Clave de Sol: ***esta clave se coloca en la segunda línea del pentagrama y asigna el nombre de la nota "Sol" a esa línea.***

Ejemplo:

CLAVE DE SOL

Clave de Fa: esta clave se coloca en la cuarta línea del pentagrama y asigna el nombre de la nota "Fa" a esa línea.

Ejemplo:

CLAVE DE FA

Clave de Do: esta clave puede colocarse en la tercera o cuarta línea del pentagrama y asigna el nombre de la nota "Do" a esa línea.

Ejemplo:

CLAVE DE DO

Figuras musicales:

Las figuras indican cuánto tiempo dura un sonido en la música. Hay 7 signos de figuras:

Redonda

Blanca

Negra

Corchea

Semicorchea

Fusa

Semifusa

Cada figura tiene una duración diferente. Algunas suenan más tiempo, y otras suenan menos tiempo.

Unión de figuras musicales:

Cuando las figuras musicales se unen por los corchetes, todas las plicas (las líneas de las figuras) deben ir en la misma dirección y los corchetes deben estar en línea recta.

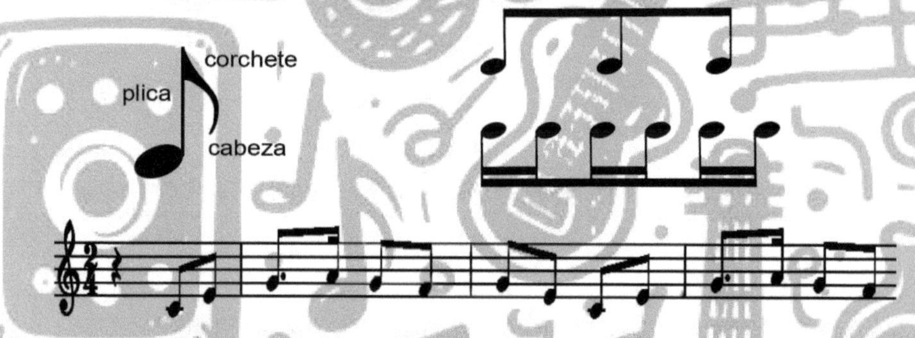

Colocación de las figuras en el pentagrama:

Las notas que se escriben por debajo de la tercera línea tienen la plica a la derecha y hacia arriba.

Las notas que se escriben por encima de la tercera línea tienen la plica a la izquierda y hacia abajo.

Las notas que están en la tercera línea pueden tener la plica hacia arriba o hacia abajo.

Nota: cuando las figuras están agrupadas, estas normas no siempre se cumplen. Fíjate en los ejemplos.

Silencios:

El silencio es un signo que muestra que no hay sonido, pero sí hay una duración.

A cada figura musical le corresponde un signo de silencio que dura lo mismo que esa figura.

Figura		Silencio
	Silencio de redonda	
	Silencio de blanca	
	Silencio de negra	
	Silencio de corchea	
	Silencio de semicorchea	
	Silencio de fusa	

Prueba a dibujar aquí, los silencios, las figuras y las claves...

El Tiempo en la música:

El pulso de la música es como el tic-tac de un reloj o como un corazón que a veces va más rápido o más despacio pero siempre es constante.

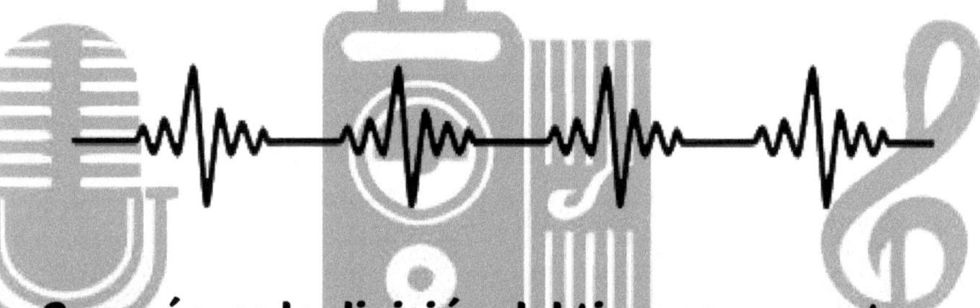

***Compás:* es la división del tiempo en partes iguales.**

Tipos de compases:

Compás binario: ***tiene dos partes o pulsos. Una parte es fuerte (acento) y la otra es débil.***

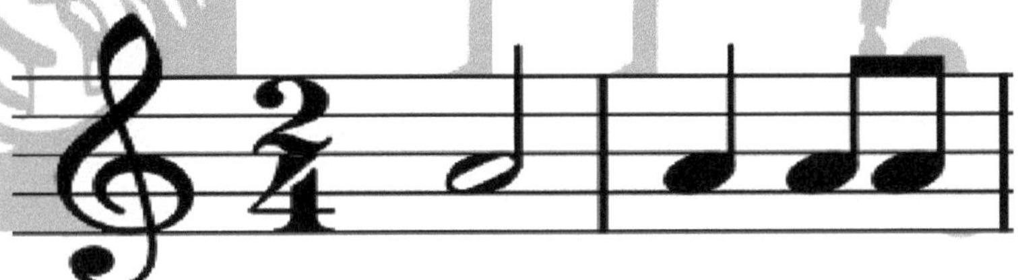

Compás ternario: ***tiene tres partes o pulsos. Una parte es fuerte (acento) y las otras dos son débiles.***

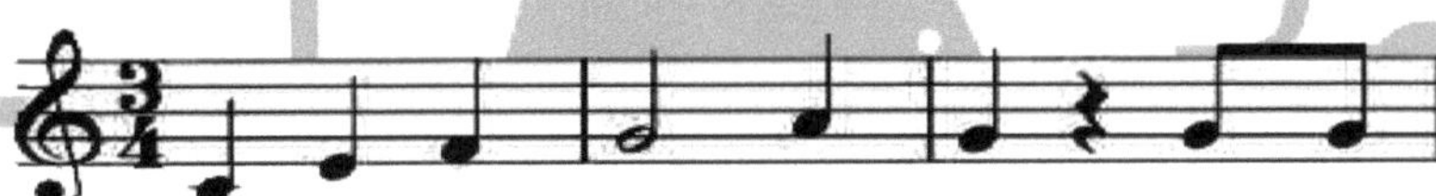

Compás cuaternario: tiene cuatro partes o pulsos. Una parte es fuerte, la siguiente es débil, luego otra fuerte (menos que la primera), y la última es débil. Forma de Indicar los Compases:

Los compases se indican con una fracción.

El número de arriba muestra en cuántos tiempos o pulsos se divide el compás.

3 = tres pulsos por compás.

4 = la figura de negra (cuarto) como unidad de tiempo.

El número de abajo muestra la duración de cada tiempo. Puede ser un número o una figura musical.

12 = doce pulsos por compás.

8 = la figura de octavo (corchea) como unidad de tiempo.

Signos de prolongación:

Ligadura:

La ligadura es una línea curva que puede estar encima o debajo de dos o más notas. Sirve para unir el sonido de dos o más notas que tienen el mismo nombre y sonido. Las figuras pueden tener diferente duración.

Normas para la colocación de la ligadura:

Las ligaduras unen las cabezas de las figuras en sentido contrario a las plicas (las líneas de las notas).

Puntillo:

El puntillo es un punto que se coloca a la derecha de una figura musical o silencio y aumenta la mitad de su valor.

Normas para la colocación del puntillo:

Cuando el puntillo está en un espacio, ocupa ese mismo espacio.

Cuando el puntillo está en una línea, ocupa el espacio inmediatamente superior.

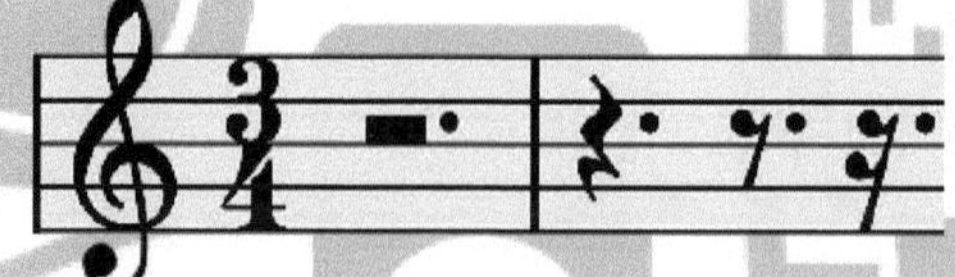

El calderón:

El calderón es un semicírculo con un punto que se coloca encima o debajo de una figura musical o silencio. Permite al ejecutante aumentar su duración según su criterio.

Signos de repetición:

Los signos de repetición se utilizan para repetir partes de una obra musical.

Los dos puntos:

Se repite desde el principio. Se repite el fragmento comprendido entre los dos signos.

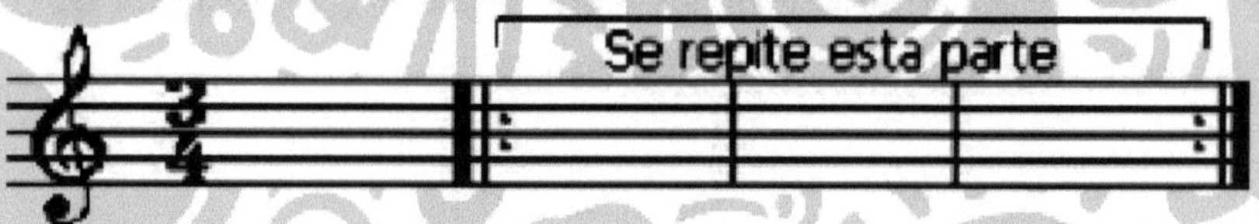

Se repite desde el comienzo

Al hacer la repetición, se pasa a la segunda vez, saltándose el compás o compases de la primera.

Cuando el trozo que se debe repetir es grande, se usan los signos de repetición escritos dos veces. Esto indica que al encontrarlos por segunda vez, hay que repetir desde la primera vez que aparecieron hasta la palabra "Fin" o cualquier otra advertencia que nos indique cómo continuar.

Da Capo (D.C.):

Es una palabra italiana que significa repetir desde el principio. Su abreviatura es D.C.

Coda:

Es el fragmento final de una obra musical. Suele aparecer en obras que contienen signos de repetición.

Tono y semitonos:

Tono:

Es la máxima diferencia de altura entre dos notas seguidas. Es un paso grande.

Semitono:

Es la mínima diferencia de altura entre dos notas seguidas. Es un paso pequeño.

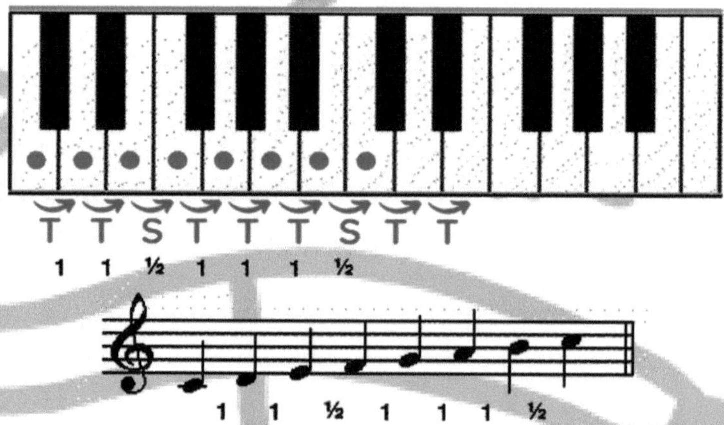

Alteraciones:

Las alteraciones son signos que se ponen delante de las notas y cambian su sonido.

Bemol (♭):

Este signo, colocado delante de la nota, hace que baje medio tono.

Sostenido (♯):

Este signo, colocado delante de la nota, hace que suba medio tono.

Becuadro (♮):

Este signo anula el efecto de un bemol o un sostenido previo en una nota, dentro del mismo compás.

Sostenido: eleva medio tono el sonido natural	Bemol: disminuye medio tono el sonido natural	Becuadro: elimina las alteraciones anteriores

La armadura:

La armadura es el grupo de alteraciones ordenadas que se colocan al principio de la partitura. Estas alteraciones afectan a las notas de la partitura con ese nombre.

Normas de colocación de las alteraciones:

Dentro del Compás: Se escriben delante de la nota y afectan a todas las notas del mismo nombre del compás. Se llaman "alteraciones accidentales".

Al principio de la partitura: afectan a todas las notas del mismo nombre de la partitura. Se llaman "alteraciones fijas".

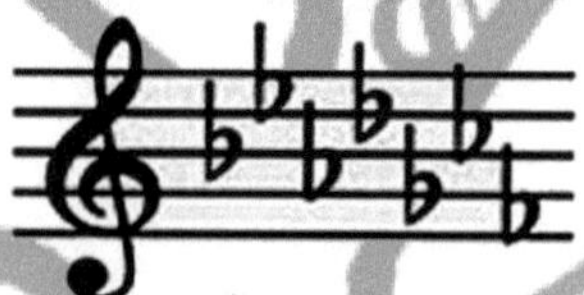

Intensidad:

Las variaciones de intensidad en la música se representan con una serie de signos y términos.

Nombre	Abreviatura	Significado
pianissimo	*pp*	muy suave
piano	*p*	suave
mezzopiano	*mp*	medio suave
mezzoforte	*mf*	medio fuerte
forte	*f*	fuerte
fortissimo	*ff*	muy fuerte

< Crecendo Creciendo en intensidad (más fuerte)

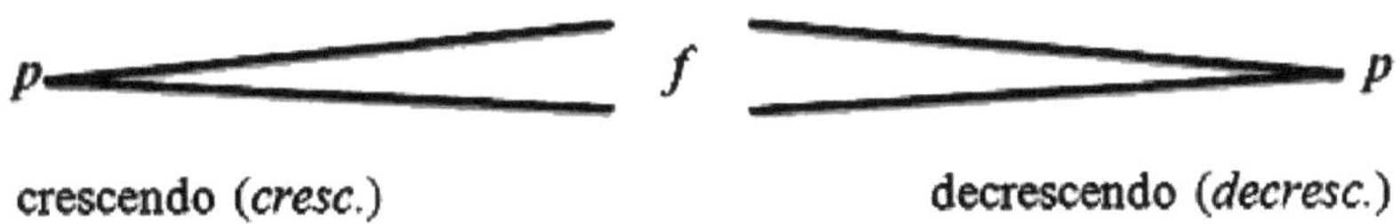

> Decrescendo Decreciendo en intensidad (más suave)

Tempo o movimiento:

es la velocidad a la que se toca una obra musical. Se indica con palabras italianas:

Tiempo	Definición
Lento	Lento, muy despacio
Adagio	Despacio
Andante	Moderado
Andantino	Menos lento que andante
Allegretto	Menos rápido que allegro
Allegro	Rápido
Presto	Muy rápido

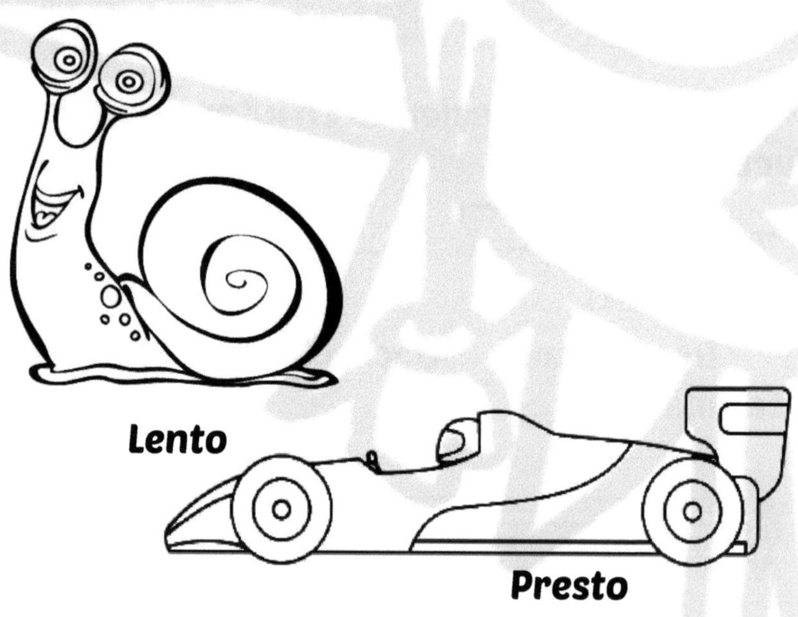

¿Qué es?

Metrónomo: es un aparato que sirve para marcar el ritmo.

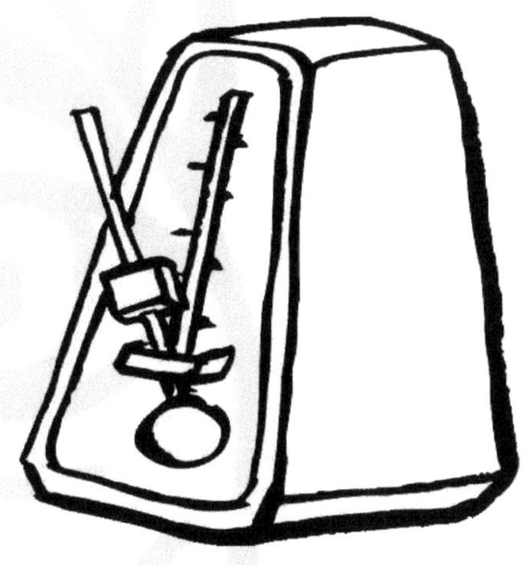

Notas a Contratiempo: Son notas que, precedidas y seguidas de silencios, ocupan un tiempo o fracción débil.

Acento: en la música, algunas pulsaciones son más fuertes que otras, como en las palabras donde algunas sílabas tienen más intensidad.

Síncopa: una nota que comienza en un tiempo o fracción débil y continúa en un tiempo o fracción fuerte.

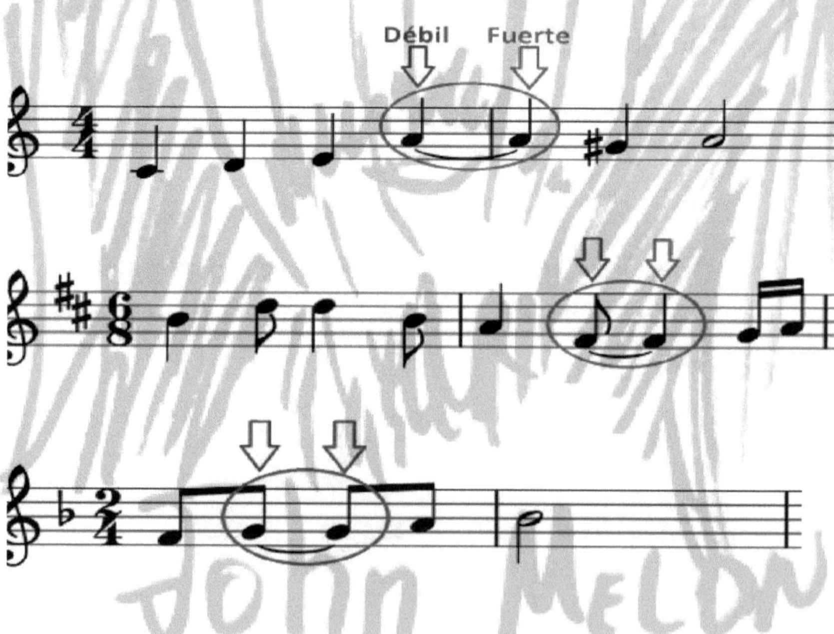

Compás incompleto: cuando el primer compás empieza con silencios, se acostumbra a prescindir de ellos.

Intervalo: *es la distancia de altura entre dos sonidos. Los intervalos pueden ser:*

Melódicos: *sonidos consecutivos (uno después del otro).*

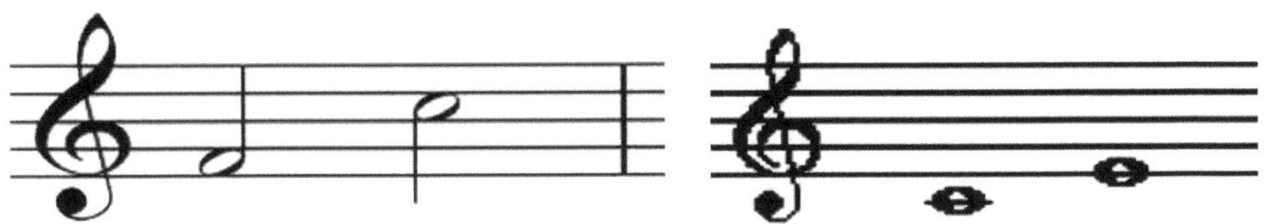

Armónicos: *sonidos simultáneos (a la vez)*

Hasta aquí hablaremos de música por el momento . Espero que se te haya hecho divertido y que hayas llenado el libro con tus dibujos e ideas divertidas.

Las páginas siguientes son un cuaderno donde puedes apuntar lo que quieras. Notas , ritmos , canciones o poesía. Tambien hay unas hojas (al final) que son solo cuadrícula para que des rienda suelta a tu creatividad.

Gracias por leerte este pequeño libro y espero, que te sea de mucha utilidad en tu vida musical.

¡Ah! Casi lo olvido. Dejo en esta hoja siguiente algunas ilustraciones de Musicos (Compositores también) que son divertidas.

John MELON
DAVID BROWNIE
MOTRZAREIA PICANTE
CON ACEITUNAS
BEER THOBEN!